AF494437

16 Juin 1911

VENTE A PARIS

Le Vendredi 16 Juin 1911

ANTIQUITÉS GRECQUES
ET ROMAINES

Mme RAYMOND SERRURE

19, RUE DES PETITS-CHAMPS, 19

PARIS

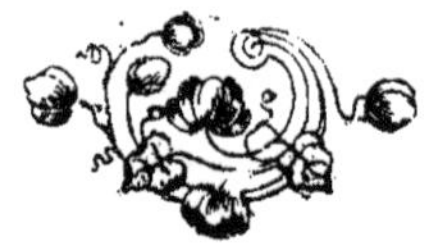

IMPRIMERIE
C. CHAUFOUR
6-8, RUE MILTON
PARIS

MARBRES GRECS ET ROMAINS

Trouvés dans l'Italie Méridionale

PROVENANT

de la Collection de M. le Comte de G...

Terres cuites, Bronzes

Verres irisés d'Asie-Mineure

VENTE AUX ENCHÈRES PUBLIQUES

A PARIS, HOTEL DES COMMISSAIRES-PRISEURS, RUE DROUOT

SALLE N° 8, AU PREMIER ÉTAGE

Le Vendredi 16 Juin 1911

A DEUX HEURES PRÉCISES

EXPOSITION PUBLIQUE LE JEUDI 15 JUIN 1911

DE 1 HEURE 1/2 A 6 HEURES

Commissaire-Priseur :	*Expert :*
Me ANDRÉ DESVOUGES	Mme RAYMOND SERRURE
Successeur de Me Maurice DELESTRE	19, Rue des Petits-Champs
26, Rue de la Grange-Batelière	TÉLÉPHONE : 294-54

PARIS

CONDITIONS DE LA VENTE

La vente sera faite au comptant.

Les adjudicataires paieront *dix pour cent* en sus des enchères.

L'exposition mettant les acheteurs à même de juger de l'état des pièces cataloguées, aucune réclamation ne sera admise aussitôt l'adjudication prononcée, sauf le cas d'erreur matérielle.

Mme Raymond SERRURE se charge, aux conditions habituelles (5 o/o sur la limite), des commissions qu'on voudra bien lui confier.

L'ordre du catalogue sera suivi ou non, au gré de l'expert, qui se réserve, en outre, le droit de réunir ou de diviser les lots.

L'authenticité des pièces est garantie.

Exposition Publique, salle n° 8, à l'Hôtel Drouot, le jeudi 15 juin, de 1 heure 1/2 à 6 heures.

Voici de la Beauté, de la grâce, de la force et de l'harmonie qui ont traversé les siècles pour vous appartenir, pour vous apporter la tradition millénaire, l'histoire et la légende, le mystère de l'Humanité et de l'Eternité.

Voici les lions dévorants des débuts du monde, — voici le lion vaincu par l'homme-dieu, par l'unique Hercule, — voici la chasse, la lutte pour la vie, — voici des enfants, des femmes et des dieux, — voici l'hilare et puissant Silène, père de la joie, — voici Esculape, qui guérit tous les maux, — voici la grande Rome, en trois fois : l'inoubliable tête de Brutus, l'irrésistible et hallucinante Julie, fille de Titus, et ce grave et pensif sénateur de l'Empire.

Tous ces marbres, toutes ces pierres, parlent et vivent ; ces merveilles ont une âme lointaine et secrète qui ne se laisse déchiffrer qu'à regret. Et cette suprême leçon d'art et de rêve, cette théorie de chefs-d'œuvre, honneur de l'antiquité, trésor des temps modernes, finit par être un poëme en l'honneur des Dieux morts et de l'effort humain, infini et immortel !

Ernest La Jeunesse.

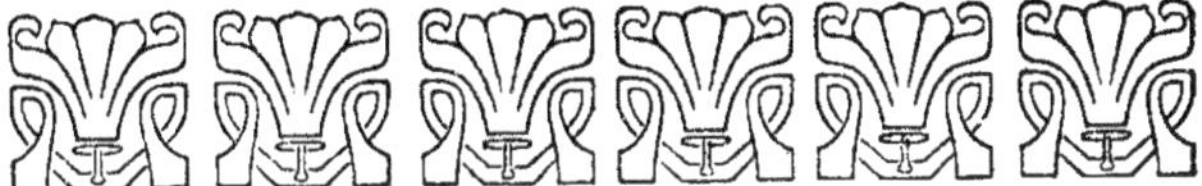

VERRES IRISÉS

1 Vase pomiforme, large encolure, filets.

2 Plat, coupe et petit lacrymatoire, 3 p.

3 Bouteille cylindrique, goulot rond, anse à cannelures; cercles gravés sur la panse.

4 Flacon pomiforme, embouchure large, panse cotelée (petit trou).

5 Flacon piriforme, très belle irisation.

6 Plat à pied, belle irisation.

7 Bouteille forme prismatique quadrangulaire, goulot court, anse cannelée, fond à moulures

8 Bouteille pomiforme, goulot légèrement évasé; très belle irisation.

9 Bouteille pomiforme, léger renflement à la naissance du goulot.

10 Gobelet à pied, forme ovale à dépressions, filets gravés.

11 Burette piriforme bouche ronde, anse ornée.

12 Grande bouteille, goulot évasé, deux anses à cannelures.

13 OEnochoé pomiforme, bec allongé, anse surélevée.

14 Gobelet, panse à dépressions

15 Verre à pied.

16 Flacon pomiforme, large embouchure, filets du col à la panse.

17 Grande bouteille cylindrique, goulot court, anse cannelée, cercles gravés; très belle pièce.

18 Bouteille cylindrique, goulot court, anse plate à cannelures ; la panse est ornée, en haut et en bas, de cinq moulures circulaires.

19 Gobelet à pied.

20 Gobelet à pied.

21 Vase pomiforme, panse côtelée en torsade, avec cabochons.

22 Gobelet à pied, ovoïde, bord évasé, filets en relief.

23 Bouteille cylindrique, court goulot, anse plate à moulures.

24 Gobelet à fond plat ; belle irisation.

25 Petite bouteille pomiforme.

26 Deux coupes à pied.

27 Vase forme fuseau, petit renflement formant panse.

28 Bouteille pomiforme, goulot évasé.

29 Flacon cylindrique, cercles gravés, pâte brune.

30 Verre à boire, forme gobelet.

31 Vase, panse cubique à dépressions, goulot large, iris, granulée.

32 Petite bouteille à large pied, goulot long entouré de filets en relief, deux anses.

33 Petite œnochoé, panse à dépressions, embouchure et anse rondes.

34 Ampoule, panse à quatre dépressions, large embouchure.

35 Flacon piriforme, goulot entouré de trois filets en relief et de cercles gravés ; pâte fine, irisation blanc-laiteux ; très belle pièce.

36 Œnochoé, pomiforme, bouche trilobée, anse cannelée.

37 Burette, panse à cannelures verticales.

38 Flacon forme *omom*, très belle irisation.

39 Petit vase pomiforme à pied, deux anses latérales, une anse supérieure, filets en relief au col.

40 Petite œnochoé, bouche ronde, filets en relief au col.

41 Flacon à long col, bouton coniforme intérieur.

42 Verre à boire, forme coupe demi sphérique, large pied.

43 Petite œnochoé, bouche ronde, panse à dépressions.

44 Gobelet, cercles gravés.

45* Petite bouteille pomiforme.

46* Autre bouteille pomiforme.

47* Autre bouteille pomiforme, l'intérieur du goulot disposé en guttus.

48* Gobelet à pied, largement évasé, filets gravés.

49* Petite ampoule, embouchure très évasée que quatre anses en pâte bleue relient à la panse.

50 Flacon forme *omom*, panse côtelée, renflement à la naissance du goulot.

51 Vase pomiforme, filets en relief au col.

52 Petite œnochoé, bouche trilobée, anse à bouton plat, panse côtelée; pâte fine, irisation argentée; très jolie pièce.

53 Flacons jumeaux, base plate, filets en reliefs; belle irisation argentée.

54 Flacons jumeaux, deux anses latérales longues, une autre supérieure; filets en relief à la panse.

55 Flacons jumeaux, anses latérales pâte brune.

56 Flacons jumeaux entièrement entourés de filets en relief; deux anses latérales.

57 Flacons jumeaux, 3 pièces bien irisées.

---

* Ces cinq pièces sont, à l'exception du n° 48, qui est légèrement échancré d'une conservation parfaite et revêtues d'une irisation remarquable.

TERRES CUITES

58 Deux lampes gallo-romaines, l'une à ornements en relief, l'autre décorée sur le couvercle d'une Victoire ? (Trouvées à Boubiers, Oise).

59 Vase terre grise, (probablement une lampe), quatre boutons en relief sur la panse entourés d'incisions, quatre trous indiquant la suspension. Même provenance.

60 Petit vase à pied, forme gobelet, terre vernis rouge. Même provenance.

61 Lot de six petits vases décorés, formes différentes. Même provenance.

62 Tête de jeune fille ; calcaire. Même provenance.

63 Statuette de jeune femme debout, vêtue d'une robe à plis et d'un manteau qu'elle relève sur le bras gauche ; coiffure à chignon bas, boutons aux oreilles. Tanagra. Haut. 15 c/m.

64 Autre, draperie laissant à découvert la poitrine ; coiffure à tresses nouées en chignon bas. Tanagra. Haut. 15 c/m. Pièce très fine.

65 Jeune fille debout, entièrement drapée, coiffure à côtes et chignon. Haut. 14 c/m. Charmante Tanagra.

66 Jeune femme debout, entièrement drapée, la tête entourée d'un voile. Haut. 15 c/m. Thèbes.

67 Statuette de jeune bacchante debout, drapée, coiffure à chignon haut, couronnée de feuilles. Traces de peinture rose et bleue. Haut. 20 c/m. Tanagra. Très jolie pièce.

68 Figurine d'Amour volant, demi nu, les ailes haut éployées, coiffure à bourrelet. Haut. 20 c/m. Tanagra. Belle pièce.

69 Figurine de grotesque, assis, drapé. (Tête recollée). Haut. 13 c/m. Pièce intéressante.

70 Petit Amour au vol, légère draperie sur les épaules, chevelure frisée, chapeau rond ; il porte un alabaster.

71 Autre, coiffure frisée à bourrelet.

72 Autre, draperie sur la tête et les épaules ; il porte un flambeau.

73 Autre, demi drapé, coiffure ronde.

74 Autre, coiffure ronde, relevant sa petite draperie et portant un miroir (?)

75 Autre, draperie sur la tête et les épaules; il porte une œnochoé.

Ces six charmantes petites Tanagras, de 9 c/m de haut ont encore des traces de coloris bleu, rose ou blanc, et sont d'une très bonne conservation.

76 Petit faune portant une lyre. Haut. 9 c/m. Asie-Mineure.

77 Enfant debout, appuyé à g. sur une colonne, son manteau retenu sur l'épaule g. et à la ceinture laisse à découvert la poitrine; coiffure ronde. Haut. 20 c/m. Thébes. Belle pièce.

78 Jeune enfant demi nu, coiffure ronde à boucles pendantes, à califourchon sur une oie. Haut. 13 c/m. Thèbes.

79 Deux coupes et vase sphérique, portant signature de potier, vernis rouge, 3 pièces.

MARBRES GRECS ET ROMAINS

80 Torse de jeune fille entièrement drapée, le manteau noué à la taille. Travail d'élégance et de distinction typiques.

81 Partie supérieure d'un mufle de lion de grande taille; travail de la meilleure époque.

82 Lion dévorant une proie qu'il enserre de ses pattes de devant; beau style.

83 Bas-relief de jeune femme, coiffure ondulée à chignon bas.

84 Tète de Mars (?), ronde bosse.

85 Profil d'homme barbu, ronde bosse.

86 Petit torse d'Apollon, légère draperie sur les épaules et le cou.

87 Profil de Psyché, les cheveux arrangés en petites boucles, sont ceints d'une bandelette qui les soutient en chignon bas. Très beau style.

88 Bas-relief : scène de chasse.

89 Fragments divers.

90 Très joli torse d'Aphrodite.

91 Partie inférieure d'une statue d'Hercule portant la dépouille du lion; grand style, de la meilleure époque; marbre de Paros à grain fin. *Pl. I.*

92 Tête d'enfant, physionomie souriante ; les cheveux sont séparés par une raie médiane et retombent en mèches bouclées. *Pl. II.*

93 Tête de Silène, type archaïque; magnifique pièce, parfaitement conservée. *Pl. II.*

94 Tête de **Brutus**; grand style. *Pl. III.*

95 Tête de **Julie, fille de Titus,** chef-d'œuvre unique, conservation parfaite. *Pl. IV et V* (Les petits défauts que l'on voit sur la photo sont des taches de patine naturelle).

96 Tête-portrait d'un sénateur romain, traitée dans le goût simple des premiers temps de l'Empire : cheveux courts et plats, front ridé, joues glabres.

97 Statue d'Esculape; les pieds, les bras et la tête manquent.

Cette pièce provient du Musée de Catanzaro et a été l'objet d'une étude de François Lenormant, dans la *Gazette Archéologique, 1883*.

BRONZES ET DIVERS

98 Statuette d'Hercule, de style étrusque; il porte sur le bras g. la dépouille du lion et brandit sa massue de la main dr. Belle patine vert-clair et bleu. Très intéressante pièce. (La massue et le pied dr. manquent). Haut. 11 c/m. Socle marbre.

99 Apollon Pythien, nu, debout; ses cheveux forment chignon, deux mèches retombent sur les épaules, et sont ceints d'une couronne; il porte le carquois sur le dos, une patère dans la main dr. et, dans la g., une branche de laurier (?). Belle patine; pièce remarquable. H. 12 c/m.

100 Esculape deb., drapé dans une ample chlamyde qui, rejetée sur l'épaule g., laisse la poitrine à découvert; le bras dr. est abaissé, le g. élevé. Belle patine, jolie pièce (Les avant-bras et le pied dr. manquent). H. 12 c/m.

101 Grande lampe à pied de forme oblongue, bouche ronde, l'anse recourbée terminée par une tête de cheval d'un remarquable travail. Belle patine, conservation parfaite. Long. 22 c/m.

102 Miroir sans sujet gravé, la surface blanchie à l'étain (patine); le manche est orné d'une palmette et de deux têtes de canard, et se termine en forme de gland. Long. 20 c/m.

103 Deux bracelets pleins, ornés de godrons juxtaposés séparés par des rainures. Belle patine vert clair. Diam. 7 c/m.

104 Fibule à navicella; le dos est décoré d'anneaux, de stries parallèles et en carré, gravés au burin; belle patine verte. (l'ardillon manque). Long. 8 c/m. Tr. dans les anciens murs du Mans.

105 Petite armille formée, en sept spirales, d'un étroit ruban plat à l'intérieur et orné à l'extérieur d'un filet et de traits gravés au burin ; une extrémité manque, l'autre a gardé son anneau d'attache. Belle patine verte.

106 Deux haches à douille creuse munie d'un anneau latéral. Tr. à Hanovec (Finistère). Long. 13 et 7 c/m. Belle patine verte.

107 Hache à douille latérale munie d'une anneau ; nervure médiane. Tr. à Garancières (Eure-et-Loir). Belle patine. Long. 15 c/m.

108 Amulette gallo-romaine en forme de gland, albâtre et bronze. Tr. en Touraine.

109 Petite attache de ceinture. – Bague chaton à initiale (Moyen-âge). — 2 p

110 Plaque ronde, travail ajouré représentant un chien (?) — Boucle de ceinture de dame avec légende : MON QEVR A VOS ACVI... — (Moyen-age), 2 p. Tr. en Touraine.

111 Plaque ronde avec, en relief, un petit buste; belle patine. — Applique, tête de lion. — 2 p. (Moyen-âge), tr. en Touraine.

112 Mine de Syrie, de forme ronde; sur la face : **ΕΤΟΥΣ Δ ΔΗΜΟΣΙΑ ΜΝΑ**. Deux cornes d'abondance entre un épi et un buste de Jupiter; sur la bordure : **ΖΗΝΟΒΙΟΥ**. Poids : 773 gramm. Plomb.

113 Mine, de forme quadrangulaire; même type; revers quadrillé en relief. Poids : 645 gr. Plomb.

114 Autre, (demi-livre), inscript. dans un cadre en relief. Poids : 307 gr. Plomb.

115 Poids de forme triangulaire; sur une face : **ΔΙΟΝ**. Poids : 277 gr. Plomb.

117 Haches celtiques (types Chelléen et Acheuléen), en serpentine ou silex, polies; tr. à Loudun (Vienne), Rouvray (Loiret), Craon (Mayenne), Molitard, Laindron (Eure-et-L.), Herbouville, Morée, Ozouer-le-Doyen, Verdes (Loir-et-Cher). — 9 pièces, parfaite conservation A diviser.

117 Hache-marteau, tr. aux environs de La Flèche (Sarthe). Très bonne conservation.

118 Lot de silex préparés pour le polissage, tr. en Loir-et-Cher, Eure-et-Loir, Eure, Loiret. — 14 p.

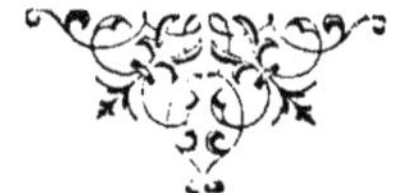

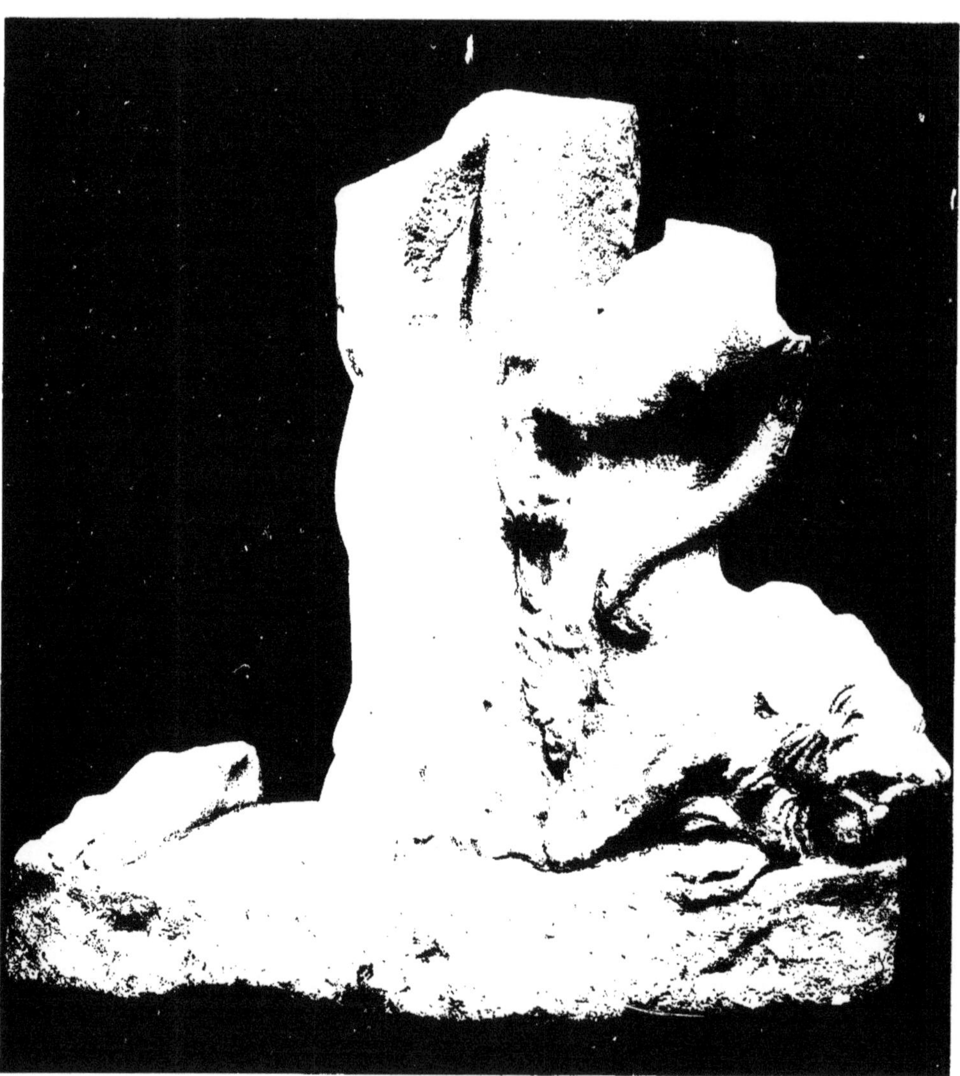

Mme RAYMOND SERRURE, Expert

91

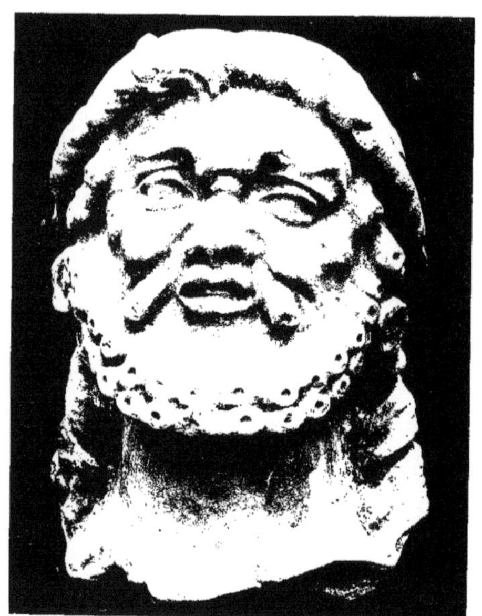

Mes RAYMOND SERRURE, Expert

93

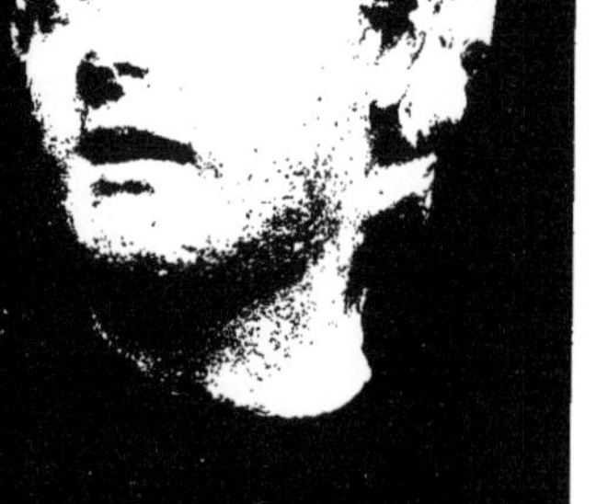

92

Pl. II

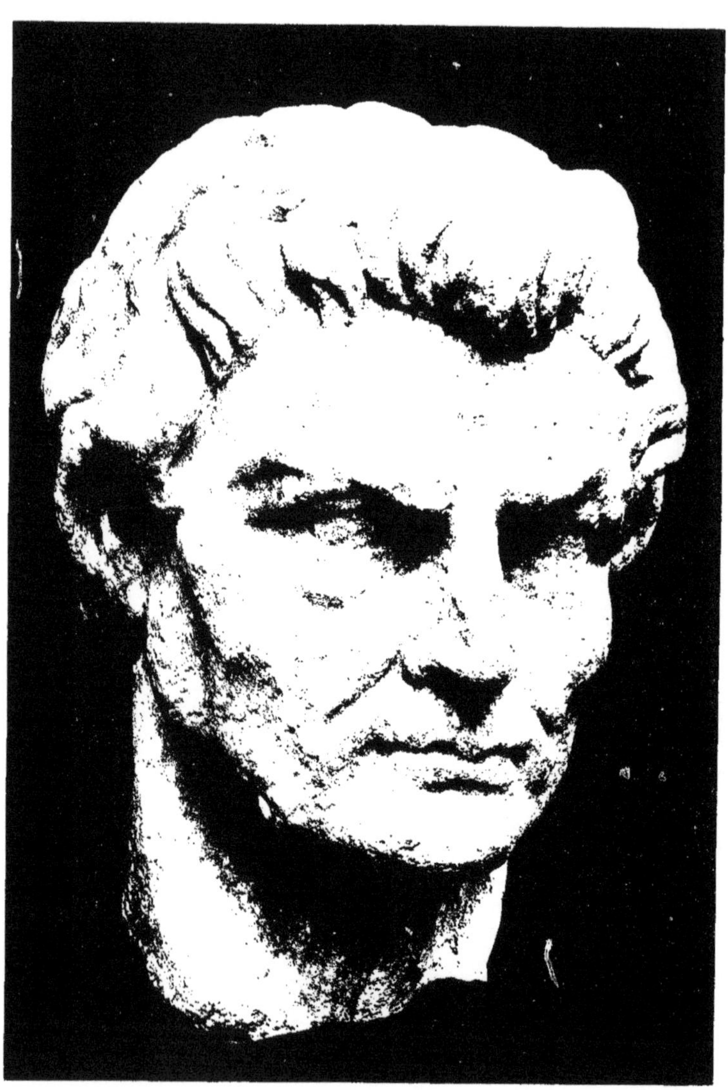

Mme RAYMOND SERRURE, Expert — 94

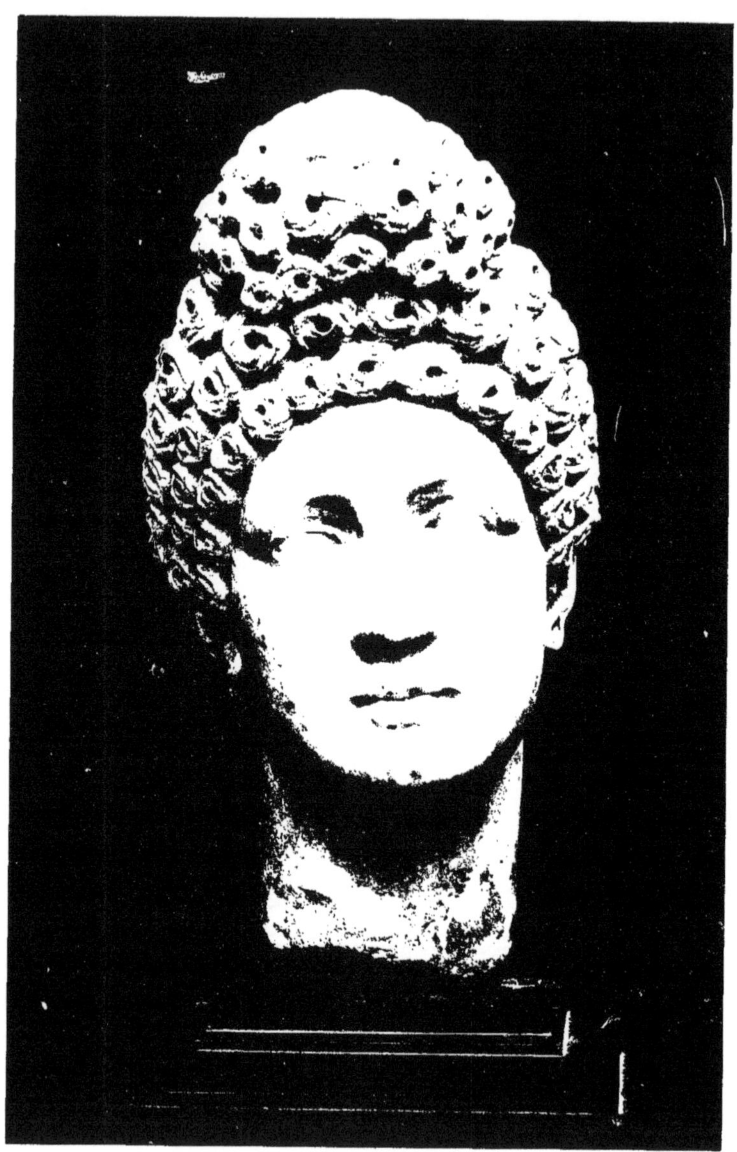

PL. V

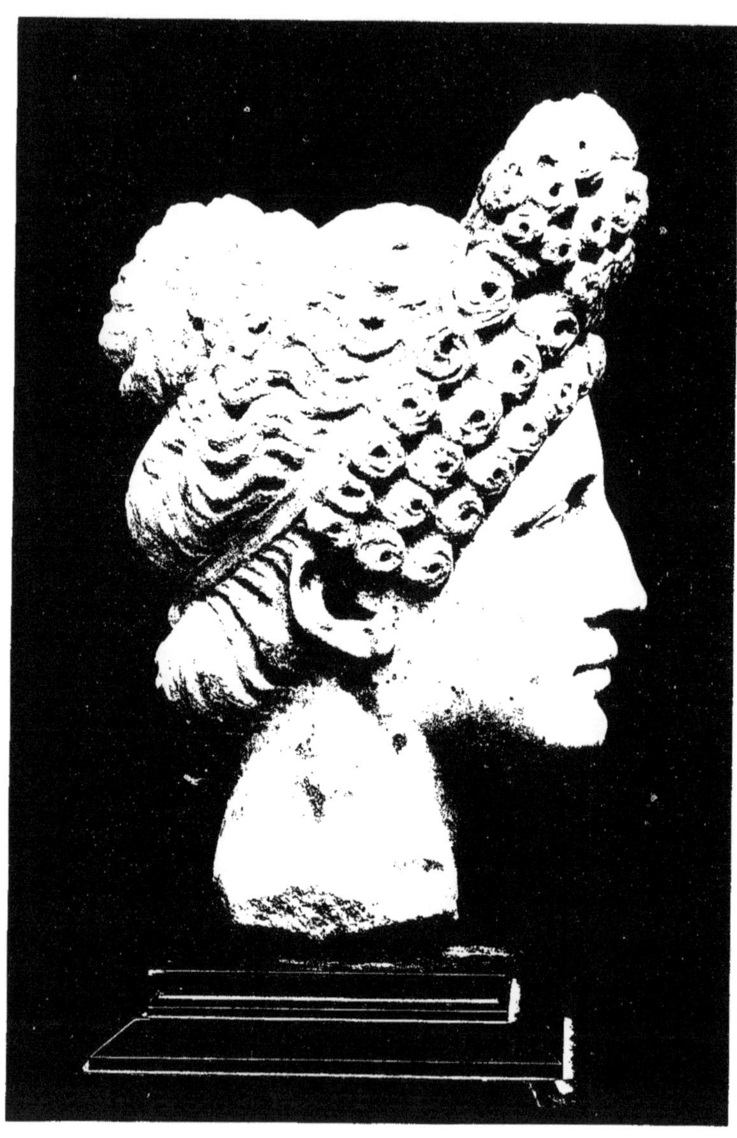

[illegible] 95

www.ingramcontent.com/pod-product-compliance
Ingram Content Group UK Ltd.
Pitfield, Milton Keynes, MK11 3LW, UK
UKHW020526180726
13839UKWH00005B/2337